Angielski dla dzieci

Słownik
ilustrowany
dla dzieci
4-6 lat

Karolina Kostrzębska
Ilustracje: Virus Group

Warszawa 2008

EDGARD
JEZYKIOBCE.PL

Wstęp

Zapraszamy dzieci i rodziców do nauki z naszym słownikiem. Najlepszą metodą poznawania nowych słówek jest czytanie podpisów oraz oglądanie ilustracji wraz z równoczesnym słuchaniem nagrań i powtarzanie po angielskich lektorach. Płyta jest integralną częścią książki i zawiera nagrania wymowy oraz piosenki w wykonaniu native speakerów. Na każdej stronie znajdują się ikonki z numerami ścieżek na płycie. Najlepsze efekty daje połączenie różnych metod nauki (słuchanie, czytanie, oglądanie ilustracji) oraz wielokrotne odsłuchiwanie nagrań wybranych rozdziałów.

Życzymy przyjemnej nauki!

Opracowanie słownika: **Karolina Kostrzębska**
Tłumaczenie piosenek: **Marta Kosińska**

Ilustracje, opracowanie graficzne, skład i łamanie: **Virus Group**
Okładka: **Emilia Szulewa** (projekt), **Virus Group** (ilustracje)
Druk i oprawa: **Rzeszowskie Zakłady Graficzne S.A.**

Piosenki: słowa i muzyka tradycyjne
Lektorzy: **Andy Edwins**, **Julia Edwins**
Opracowanie muzyczne, aranżacja piosenek, mastering płyty: **Dariusz Kaliński**

Redaktor prowadzący: **Marta Kosińska**

Wydawnictwo Edgard
ul. Postępu 12, 02-676 Warszawa
tel. (+48 22) 847 51 23
edgard@edgard.pl

www.jezykiobce.pl

ISBN 83-60415-55-2
ISBN 978-83-60415-55-9

Wydanie I
Warszawa 2008

Spis treści

My family Moja rodzina

uncle wujek

dad tata

mum mama

aunt ciocia

sister siostra

grandma babcia

grandpa dziadek

brother brat

hair włosy

eye oko

ear ucho

mouth usta

nose nos

Head and shoulders
Głowa i ramiona

Head and shoulders, knees and toes, knees and toes
Head and shoulders, knees and toes, knees and toes
And eyes and ears and mouth and nose
Head and shoulders, knees and toes, knees and toes

Głowa i ramiona, kolana i palce, kolana i palce,
Głowa i ramiona, kolana i palce, kolana i palce,
I oczy, i uszy, i usta, i nos,
Głowa i ramiona, kolana i palce, kolana i palce,

My clothes Moje ubrania

jumper **sweter**

pants majtki

trousers spodnie

dress sukienka

cap czapka

skirt spódnica

gloves rękawiczki

sock skarpeta

jacket kurtka

T-shirt koszulka T-shirt

shoes buty

4 **My house** Mój dom

chimney komin

tree drzewo

window okno

door drzwi

house dom

garden ogród

stairs schody

roof dach

bedroom sypialnia

bathroom łazienka

kitchen kuchnia

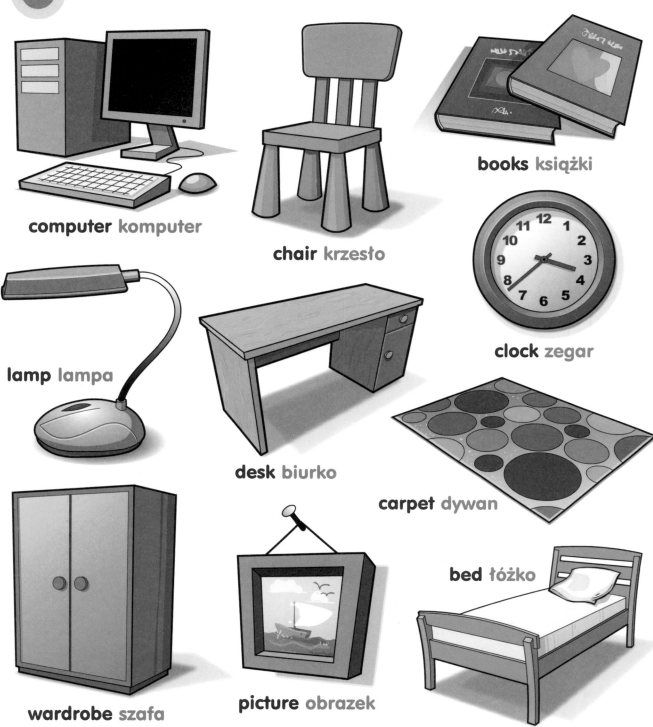

computer komputer

chair krzesło

books książki

lamp lampa

desk biurko

clock zegar

carpet dywan

wardrobe szafa

picture obrazek

bed łóżko

My toys Moje zabawki

6

board game gra planszowa

teddy bear miś

ball piłka

doll lalka

car samochód

robot robot

kite latawiec

puzzle układanka

building blocks klocki

What I do every morning
Co robię codziennie rano

8

I wash my face.
Myję buzię.

I get up.
Wstaję.

I have breakfast.
Jem śniadanie.

I brush my teeth.
Myję ząbki.

I walk the dog.
Wychodzę na spacer z psem.

I get dressed.
Ubieram się.

I go to school.
Idę do szkoły.

This is the way ... Oto jak ...

This is the way we wash our face, wash our face, wash our face
This is the way we wash our face at 7 o'clock in the morning
This is the way we clean our teeth, clean our teeth, clean our teeth
This is the way we clean our teeth at 7 o'clock in the morning
This is the way we comb our hair, comb our hair, comb our hair
This is the way we comb our hair at 7 o'clock in the morning

This is the way we eat our breakfast, eat our breakfast, eat our breakfast
This is the way we eat our breakfast at 8 o'clock in the morning
This is the way we wash the dishes, wash the dishes, wash the dishes
This is the way we wash the dishes at 9 o'clock in the morning
This is the way we sweep the floor, sweep the floor, sweep the floor
This is the way we sweep the floor at 10 o'clock in the morning

This is the way we drink our milk, drink our milk, drink our milk
This is the way we drink our milk at 11 o'clock in the morning
This is the way we cook our dinner, cook our dinner, cook our dinner
This is the way we cook our dinner at 12 o'clock in the morning
This is the way we go to bed, go to bed, go to bed
This is the way we go to bed at 10 o'clock in the evening

Oto jak myjemy buzię, myjemy buzię, myjemy buzię,
Oto jak myjemy buzię o siódmej godzinie rano.
Oto jak czyścimy zęby, czyścimy zęby, czyścimy zęby,
Oto jak czyścimy zęby o siódmej godzinie rano.
Oto jak czeszemy włosy, czeszemy włosy, czeszemy włosy,
Oto jak czeszemy włosy o siódmej godzinie rano.

Oto jak jemy śniadanie, jemy śniadanie, jemy śniadanie,
Oto jak jemy śniadanie o ósmej godzinie rano.
Oto jak zmywamy naczynia, zmywamy naczynia, zmywamy naczynia,
Oto jak zmywamy naczynia o dziewiątej godzinie rano.
Oto jak zamiatamy podłogę, zamiatamy podłogę, zamiatamy podłogę,
Oto jak zamiatamy podłogę o dziesiątej godzinie rano.

Oto jak pijemy mleko, pijemy mleko, pijemy mleko,
Oto jak pijemy mleko o jedenastej godzinie rano.
Oto jak gotujemy obiad, gotujemy obiad, gotujemy obiad,
Oto jak gotujemy obiad o dwunastej godzinie rano.
Oto jak idziemy spać, idziemy spać, idziemy spać,
Oto jak idziemy spać o dziesiątej godzinie wieczór.

I like to eat! Lubię jeść!

egg jajko

milk and cornflakes mleko i płatki

cheese ser

jam dżem

sandwich kanapka

tomato soup zupa pomidorowa

juice sok

pudding deser

chocolate czekolada

tea herbata

sweets cukierki

banana banan

apple jabłko

grapes winogrona

cherries wiśnie

orange pomarańcza

tomato pomidor

lettuce sałata

cucumber ogórek

potato ziemniak

carrot marchewka

blackboard tablica

$2 + 2 =$

chalk kreda

teacher nauczycielka

school bag plecak

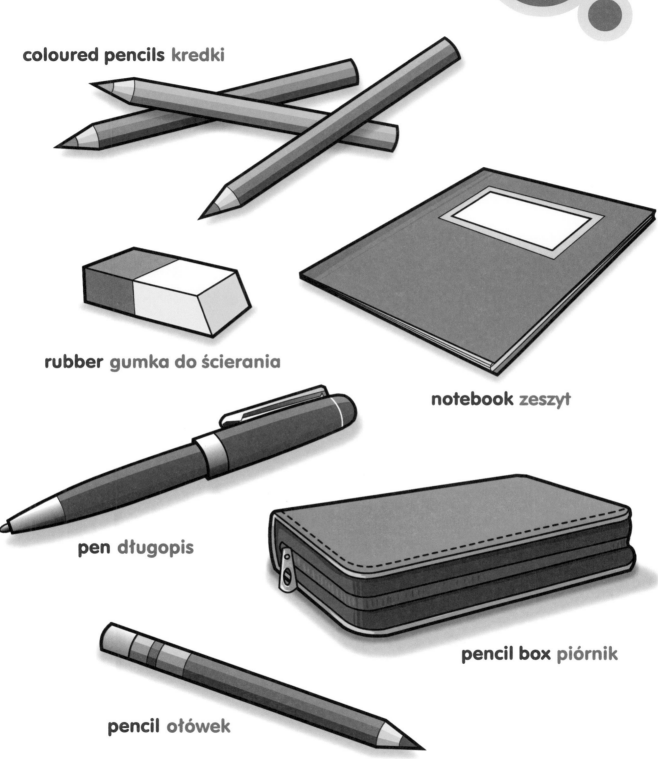

coloured pencils kredki

rubber gumka do ścierania

notebook zeszyt

pen długopis

pencil box piórnik

pencil ołówek

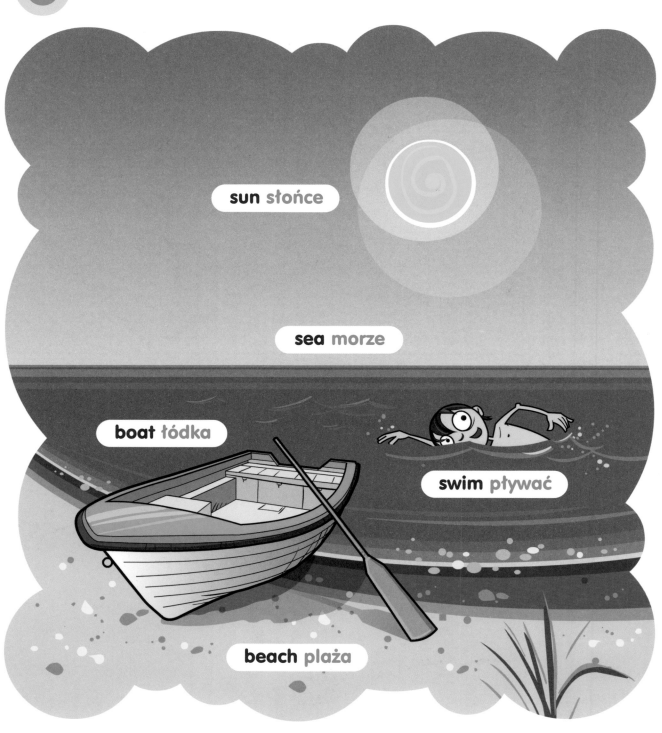

sun słońce

sea morze

boat łódka

swim pływać

beach plaża

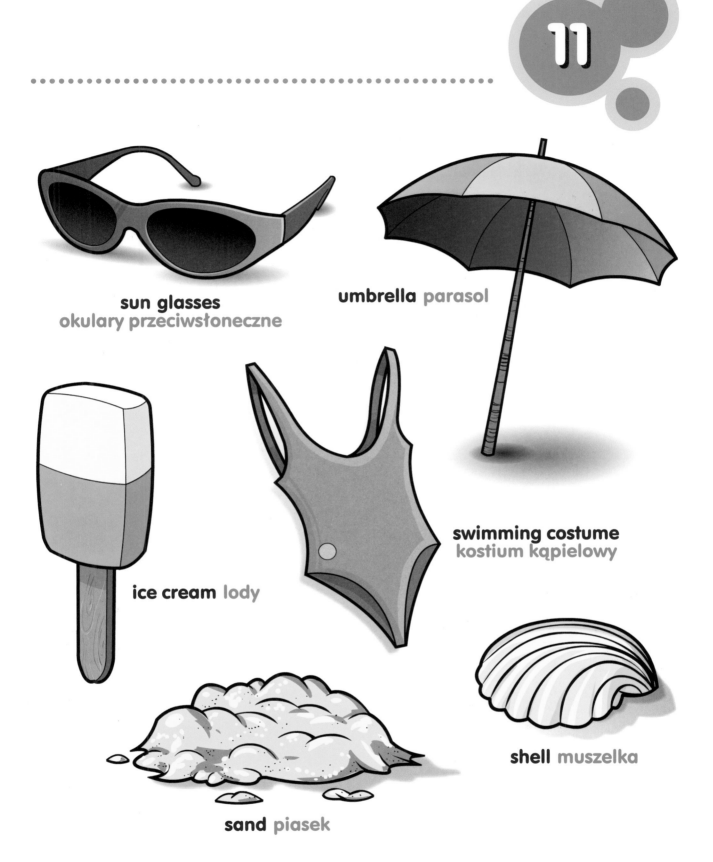

sun glasses
okulary przeciwsłoneczne

umbrella parasol

ice cream lody

swimming costume
kostium kąpielowy

shell muszelka

sand piasek

cow krowa

hen kura

cat kot

dog pies

rabbit królik

pig świnia

horse koń

chicks kurczęta

goat koza

sheep owca

snake wąż

zebra zebra

penguin pingwin

lion lew

giraffe żyrafa

tiger tygrys

camel wielbłąd

elephant słoń

monkey małpa

one jeden

two dwa

three trzy

four cztery

five pięć

six sześć

seven siedem

  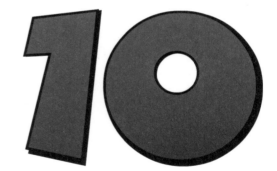

eight osiem

nine dziewięć

ten dziesięć

One, two, three ...
Raz, dwa, trzy ...

14

1, 2, 3, 4, 5 once I caught a fish alive
6, 7, 8, 9, 10 then I let it go again
Why did you let it go?
Because it bit my finger so
Which finger did it bite?
This little finger on the right.

Raz, dwa, trzy, cztery, pięć, żywa rybka wpadła w moją sieć,
Sześć, siedem, osiem, dziewięć, dziesięć, pozwoliłem uciec jej.
Dlaczego puściłeś ją?
Bo ugryzła w palec mnie.
W który palec ugryzła cię?
W mały paluszek po prawej.

15 Look at these colours!
Ile kolorów!

blue niebieski

grey szary

orange pomarańczowy

green zielony

red czerwony

pink różowy

black czarny

brown brązowy

yellow żółty

white biały

Dziękujemy za wspólną naukę!